cat
gat

rabbit

conill

dog

gos

chick

pollet

duck
ànec

sheep

ovella

goat

cabra

pig

porc

donkey

ruc

horse

cavall

cow

vaca

mouse

ratolí

bat

ratpenat

bee

abella

spider

aranya

fox

guineu

deer

cérvol

squirrel

esquirol

hedgehog

eriçó

owl

mussol

frog

granota

snake
serp

racoon

os rentador

parrot

lloro

toucan

tucà

alligator

caiman

sea turtle

tortuga marina

flamingo

flamenc

penguin

pingüí

crab

cranc

jellyfish

medusa

seal

foca

shark

tauró

whale

balena

orca

orca

starfish
estrella de mar

rhinoceros

rinoceront

panda

panda

monkey

mico

lion

lleó

tiger

tigre

elephant

elefant